AF619611

SUPPLÉMENT GÉNÉRAL AU CATALOGUE

DES

SIGNES HIÉROGLYPHIQUES

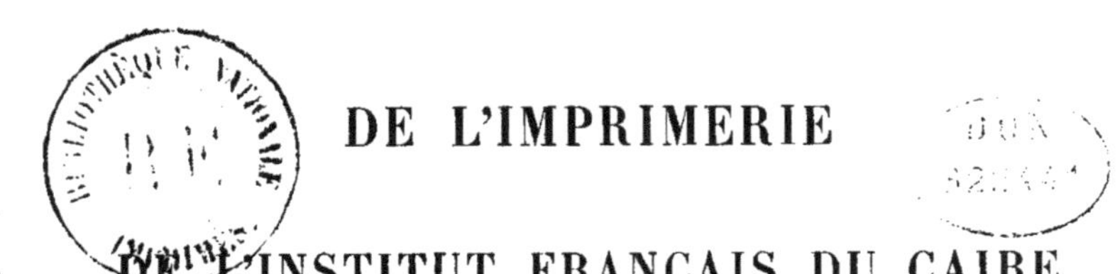

DE L'IMPRIMERIE

DE L'INSTITUT FRANÇAIS DU CAIRE

PAR

M. É. CHASSINAT

LE CAIRE

IMPRIMERIE DE L'INSTITUT FRANÇAIS

D'ARCHÉOLOGIE ORIENTALE

MCMXXX

AVERTISSEMENT.

Ce *Supplément général* réunit les deux suppléments parus en 1912 et en 1915, augmentés d'une série de près de 1400 caractères nouveaux fondus pendant les cinq dernières années.

De ceux-ci, la plupart, dessinés par moi d'après les inscriptions du Temple d'Edfou, reproduisent des formes ptolémaïques; les autres, une centaine environ, sont empruntés à des textes de l'Ancien et du Nouvel Empire.

Le classement suivi est le même que celui qui a été adopté pour le catalogue édité en 1907. Il s'agit simplement ici, — et j'y insiste, — d'un instrument de travail destiné aux ouvriers typographes. C'est pourquoi certains groupements ont été constitués de manière à réunir les types présentant une analogie de forme, sans tenir un compte rigoureux de leur nature réelle, ce qui aurait contraint de les répartir dans des séries différentes, d'où des chances d'erreurs et une perte de temps pour le compositeur obligé de les identifier, parfois aussi pour l'auteur, lorsque celui-ci n'est pas familiarisé avec le matériel hiéroglyphique de l'Institut, dont la collection dépasse sensiblement 5000 signes.

Le numéro à citer, pour la correction des épreuves, est celui qui figure dans la seconde des deux colonnes de chiffres qui précèdent les hiéroglyphes.

É. Chassinat.

Edfou, le 10 février 1930.

SOMMAIRE.

SUPPLÉMENT GÉNÉRAL AU CATALOGUE DES SIGNES HIÉROGLYPHIQUES DE L'IMPRIMERIE DE L'INSTITUT FRANÇAIS DU CAIRE.

Nos du catalogue.		1er corps	2e corps	3e corps	Nos du catalogue.		1er corps	2e corps	3e corps
Nouveaux.	Anciens.				Nouveaux.	Anciens.			
CHAPITRE PREMIER. — Hommes.									
1 n	305 b				15 n	618 b			
2 n	1 a				16 n	627 b			
3 n	862 b				17 n	632 b			
4 n	339 b				18 n	6 a			
5 n	2 a				19 n	560 b			
6 n	452 b				20 n	557 b			
7 n	622 b				21 n	561 b			
8 n	384 b				22 n	559 b			
9 n	207 b				23 n	361 a			
10 n	927 b				24 n	127 b			
11 n	171 b				25 n	918 b			
12 n	5 a				26 n	849 b			
13 n	74 b				27 n	919 b			
14 n	4 a				28 n	362 a			

Nos DU CATALOGUE. NOUVEAUX.	ANCIENS.	1er CORPS	2e CORPS	3e CORPS	Nos DU CATALOGUE. NOUVEAUX.	ANCIENS.	1er CORPS	2e CORPS	3e CORPS
29 n	7 a				49 n	606 b			
30 n	343 b				50 n	710 b			
31 n	830 b				51 n	13 a			
32 n	526 b				52 n	14 a			
33 n	613 b				53 n	15 a			
34 n	612 b				54 n	16 a			
35 n	863 b				55 n	17 a			
36 n	572 b				56 n	18 a			
37 n	568 b				57 n	19 a			
38 n	569 b				58 n	20 a			
39 n	509 b				59 n	21 a			
40 n	8 a				60 n	22 a			
41 n	9 a				61 n	23 a			
42 n	10 a				62 n	788 b			
43 n	850 b				63 n	783 b			
44 n	852 b				64 n	510 b			
45 n	11 a				65 n	82 b			
46 n	12 a				66 n	363 a			
47 n	365 a				67 n	364 a			
48 n	366 a				68 n	24 a			

Nos DU CATALOGUE.		1er CORPS	2e CORPS	3e CORPS	Nos DU CATALOGUE.		1er CORPS	2e CORPS	3e CORPS
NOUVEAUX.	ANCIENS.				NOUVEAUX.	ANCIENS.			
69 n	367 a				89 n	383 a			
70 n	368 a				90 n	699 b			
71 n	185 b				91 n	691 b			
72 n	25 a				92 n	376 a			
73 n	369 a				93 n	27 a			
74 n	372 a				94 n	28 a			
75 n	697 b				95 n	382 a			
76 n	370 a				96 n	555 b			
77 n	371 a				97 n	529 b			
78 n	682 b				98 n	834 b			
79 n	673 b				99 n	373 a			
80 n	683 b				100 n	687 b			
81 n	558 b				101 n	412 a			
82 n	377 a				102 n	833 b			
83 n	679 b				103 n	374 a			
84 n	615 b				104 n	375 a			
85 n	26 a				105 n	33 a			
86 n	312 b				106 n	34 a			
87 n	776 b				107 n	35 a			
88 n	454 b				108 n	672 b			

N^os DU CATALOGUE. NOUVEAUX.	ANCIENS.	1er CORPS	2^e CORPS	3^e CORPS	N^os DU CATALOGUE. NOUVEAUX.	ANCIENS.	1er CORPS	2^e CORPS	3^e CORPS
109 n	338 b				129 n	183 b			
110 n	605 b				130 n	131 b			
111 n	93 b				131 n	503 b			
112 n	819 b				132 n	617 b			
113 n	30 a				133 n	648 b			
114 n	675 b				134 n	381 a			
115 n	785 b				135 n	32 a			
116 n	29 a				136 n	38 a			
117 n	821 b				137 n	380 a			
118 n	815 b				138 n	378 a			
119 n	822 b				139 n	527 b			
120 n	31 a				140 n	100 b			
121 n	467 b				141 n	803 b			
122 n	823 b				142 n	379 a			
123 n	693 b				143 n	784 b			
124 n	578 b				144 n	36 a			
125 n	592 b				145 n	37 a			
126 n	579 b				146 n	471 b			
127 n	334 b				147 n	778 b			
128 n	273 b				148 n	701 b			

Nos du catalogue. Nouveaux.	Nos du catalogue. Anciens.	1er corps	2e corps	3e corps
149 n	716 b			
150 n	351 b			
151 n	332 b			
152 n	674 b			
153 n	663 b			
154 n	318 b			
155 n	8 b			
156 n	660 b			
157 n	799 b			
158 n				

CHAPITRE II. — Dieux.

Nos du catalogue. Nouveaux.	Nos du catalogue. Anciens.	1er corps	2e corps	3e corps
159 n	39 a			
160 n	590 b			
161 n	692 b			
162 n	191 b			
163 n	384 a			
164 n	385 a			
165 n	386 a			
166 n	387 a			
167 n	388 a			
168 n	505 b			
169 n	602 b			
170 n	357 b			
171 n	358 b			
172 n	72 b			
173 n	9 b			
174 n	42 a			
175 n	259 b			
176 n	780 b			
177 n	703 b			
178 n	525 b			
179 n	43 a			
180 n	770 b			
181 n	71 b			
182 n	861 b			
183 n	817 b			
184 n	40 a			
185 n	41 a			
186 n	3 a			

Nos DU CATALOGUE.		1er CORPS	2e CORPS	3e CORPS	Nos DU CATALOGUE.		1er CORPS	2e CORPS	3e CORPS
NOUVEAUX.	ANCIENS.				NOUVEAUX.	ANCIENS.			
187 n	541 b				207 n	155 b			
188 n	380 b				208 n	258 b			
189 n	379 b				209 n	353 b			
190 n	69 b				210 n	588 b			
191 n	132 b				211 n	920 b			
192 n	824 b				212 n	921 b			
193 n	902 b				213 n	130 b			
194 n	777 b				214 n	356 b			
195 n	475 b				215 n	389 a			
196 n	184 b				216 n	805 b			
197 n	901 b				217 n	345 b			
198 n	899 b				218 n	90 b			
199 n	504 b				219 n	609 b			
200 n	96 b				220 n	88 b			
201 n	591 b				221 n	695 b			
202 n	904 b				222 n	391 a			
203 n	898 b				223 n	392 a			
204 n	540 b				224 n	44 a			
205 n	610 b				225 n	690 b			
206 n	341 b				226 n	81 b			

Nos du catalogue. Nouveaux.	Anciens.	1er corps	2e corps	3e corps	Nos du catalogue. Nouveaux.	Anciens.	1er corps	2e corps	3e corps
227 n	619 b				240 n	704 b			
228 n	685 b				241 n	355 b			
229 n	802 b				242 n	393 a			
230 n	394 a				243 n	390 a			
231 n	45 a				244 n	816 b			
232 n	75 b				245 n	396 a			
233 n	531 b				246 n	47 a			
234 n	835 b				247 n	857 b			
235 n	814 b				248 n	70 b			
236 n	811 b				249 n	46 a			
237 n	275 b				250 n				
238 n	556 b				251 n				
239 n	395 a				252 n				

CHAPITRE III. — Femmes.

Nouveaux.	Anciens.	1er corps	2e corps	3e corps	Nouveaux.	Anciens.	1er corps	2e corps	3e corps
253 n	399 a				259 n	772 b			
254 n	476 b				260 n	330 b			
255 n	48 a				261 n	401 a			
256 n	50 a				262 n	402 a			
257 n	49 a				263 n	403 a			
258 n	680 b				264 n	404 a			

N^os DU CATALOGUE. NOUVEAUX.	ANCIENS.	1er CORPS	2^e CORPS	3^e CORPS	N^os DU CATALOGUE. NOUVEAUX.	ANCIENS.	1er CORPS	2^e CORPS	3^e CORPS
265 n	876 b				275 n	409 a			
266 n	398 a				276 n	410 a			
267 n	688 b				277 n	51 a			
268 n	405 a				278 n	681 b			
269 n	397 a				279 n	52 a			
270 n	411 a				280 n	826 b			
271 n	400 a				281 n				
272 n	406 a				282 n				
273 n	407 a				283 n				
274 n	408 a				284 n				

CHAPITRE IV. — Déesses.

N^os DU CATALOGUE. NOUVEAUX.	ANCIENS.	1er CORPS	2e CORPS	3e CORPS	N^os DU CATALOGUE. NOUVEAUX.	ANCIENS.	1er CORPS	2e CORPS	3e CORPS
285 n	586 b				294 n	67 b			
286 n	708 b				295 n	604 b			
287 n	257 b				296 n	354 b			
288 n	418 a				297 n	53 a			
289 n	707 b				298 n	176 b			
290 n	419 a				299 n	177 b			
291 n	413 a				300 n	89 b			
292 n	414 a				301 n	87 b			
293 n	178 b				302 n	416 a			

Nos du catalogue. Nouveaux.	Anciens.	1er corps	2e corps	3e corps
303 n	607 b 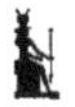 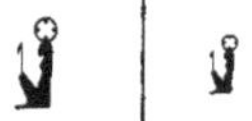			
304 n	264 b			
305 n	923 b 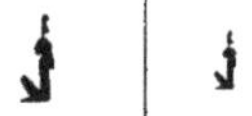 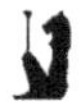			
306 n	924 b			
307 n	56 a 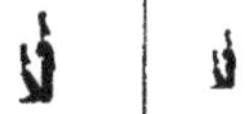 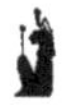			
308 n	597 b			
309 n	57 a 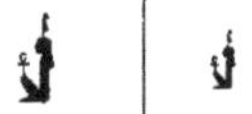 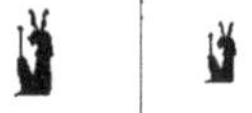			
310 n	54 a			
311 n	55 a 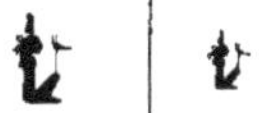 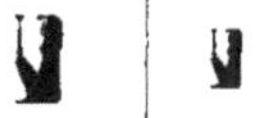			
312 n	58 a			
313 n	59 a 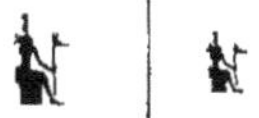 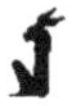			
314 n	60 a 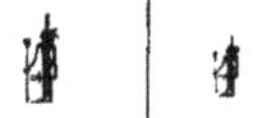 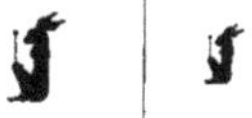			
315 n	61 a 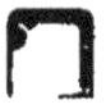			
316 n	414 b			
317 n	349 b 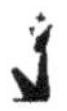 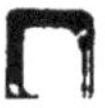			
318 n	774 b			
319 n	818 b 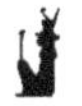 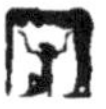			
320 n	417 a 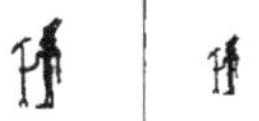 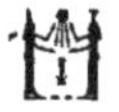			
321 n	711 b			
322 n	593 b			
323 n	917 b			
324 n	589 b			
325 n	534 b			
326 n	29 b			
327 n	73 b			
328 n	43 b			
329 n	37 b			
330 n	62 a			
331 n	859 b			
332 n	415 a			
333 n	620 b			
334 n	922 b			
335 n	140 b			
336 n	141 b			
337 n	77 b			
338 n	528 b			
339 n	628 b			
340 n	182 b			
341 n	63 a			
342 n				

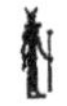

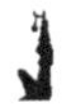

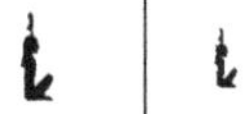

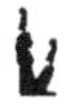

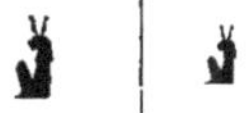

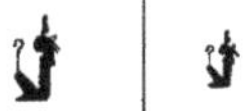

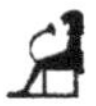

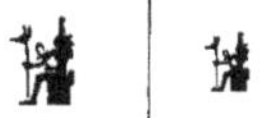

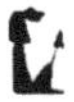

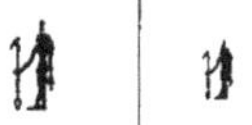

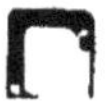

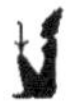

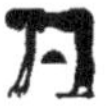

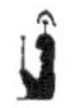

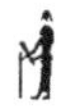

Nos du catalogue. Nouveaux.	Anciens.	1er corps	2e corps	3e corps	Nos du catalogue. Nouveaux.	Anciens.	1er corps	2e corps	3e corps
CHAPITRE V. — Parties du corps humain.									
343 n	64 a				362 n	148 b			
344 n	420 a				363 n	147 b			
345 n	721 b				364 n	285 b			
346 n	421 a				365 n	430 a			
347 n	422 a				366 n	431 a			
348 n	65 a				367 n	71 a			
349 n	423 a				368 n	841 b			
350 n	424 a				369 n	840 b			
351 n	425 a				370 n	151 b			
352 n	359 b				371 n	709 b			
353 n	66 a				372 n	689 b			
354 n	67 a				373 n	186 b			
355 n	426 a				374 n	423 b			
356 n	427 a				375 n	424 b			
357 n	428 a				376 n	885 b			
358 n	72 a				377 n	892 b			
359 n	429 a				378 n	884 b			
360 n	70 a				379 n	893 b			
361 n	395 b				380 n	889 b			

Nos DU CATALOGUE.		1er CORPS	2e CORPS	3e CORPS	Nos DU CATALOGUE.		1er CORPS	2e CORPS	3e CORPS
NOUVEAUX.	ANCIENS.				NOUVEAUX.	ANCIENS.			
381 n	64 b				401 n	75 a			
382 n	883 b				402 n	810 b			
383 n	894 b				403 n	432 a			
384 n	888 b				404 n	468 b			
385 n	881 b				405 n	77 a			
386 n	895 b				406 n	78 a			
387 n	880 b				407 n	126 b			
388 n	882 b				408 n	79 a			
389 n	916 b				409 n	80 a			
390 n	73 a				410 n	76 a			
391 n	419 b				411 n	812 b			
392 n	489 b				412 n	796 b			
393 n	566 b				413 n	474 b			
394 n	790 b				414 n	231 b			
395 n	63 b				415 n	297 b			
396 n	793 b				416 n	486 b			
397 n	232 b				417 n	485 b			
398 n	112 b				418 n	914 b			
399 n	436 b				419 n	169 b			
400 n	74 a				420 n	433 a			

Nos du catalogue.		1er corps	2e corps	3e corps	Nos du catalogue.		1er corps	2e corps	3e corps
Nouveaux.	Anciens.				Nouveaux.	Anciens.			
421 n	912 b				429 n	200 b			
422 n	913 b				430 n	81 a			
423 n	915 b				431 n	82 a			
424 n	38 b				432 n	44 b			
425 n	250 b				433 n	600 a			
426 n	502 b				434 n	83 a			
427 n	248 b				435 n	68 a			
428 n	373 b				436 n	69 a			

CHAPITRE VI. — Mammifères.

Nouveaux.	Anciens.	1er corps	2e corps	3e corps	Nouveaux.	Anciens.	1er corps	2e corps	3e corps
437 n	84 a				448 n	564 b			
438 n	85 a				449 n	550 b			
439 n	456 b				450 n	925 b			
440 n	897 b				451 n	871 b			
441 n	786 b				452 n	870 b			
442 n	86 a				453 n	333 b			
443 n	513 b				454 n	173 b			
444 n	449 a				455 n	174 b			
445 n	49 b				456 n	733 b			
446 n	598 b				457 n	499 b			
447 n	450 a				458 n	436 a			

Nos du catalogue. Nouveaux.	Anciens.	1er corps	2e corps	3e corps	Nos du catalogue. Nouveaux.	Anciens.	1er corps	2e corps	3e corps
459 n	437 a				479 n	229 b			
460 n	435 a				480 n	517 b			
461 n	439 b				481 n	743 b			
462 n	381 b				482 n	551 b			
463 n	88 a				483 n	544 b			
464 n	87 a				484 n	90 a			
465 n	420 b				485 n	91 a			
466 n	311 b				486 n	442 a			
467 n	543 b				487 n	808 b			
468 n	839 b				488 n	146 b			
469 n	409 b				489 n	444 a			
470 n	89 a				490 n	317 b			
471 n	438 a				491 n	319 b			
472 n	439 a				492 n	795 b			
473 n	584 b				493 n	596 b			
474 n	583 b				494 n	537 b			
475 n	582 b				495 n	736 b			
476 n	447 a				496 n	752 b			
477 n	445 a				497 n	836 b			
478 n	446 a				498 n	562 b			

N^os DU CATALOGUE. NOUVEAUX.	ANCIENS.	1er CORPS	2^e CORPS	3^e CORPS	N^os DU CATALOGUE. NOUVEAUX.	ANCIENS.	1er CORPS	2e CORPS	3e CORPS
499 n	441 a				507 n	448 a			
500 n	440 a				508 n	740 b			
501 n	434 b				509 n	842 b			
502 n	753 b				510 n	848 b			
503 n	92 a				511 n	872 b			
504 n	443 a				512 n	554 b			
505 n	93 a				513 n	451 a			
506 n	94 a				514 n				

CHAPITRE VII. — Parties du corps des mammifères.

Nouveaux	Anciens	1er corps	2e corps	3e corps	Nouveaux	Anciens	1er corps	2e corps	3e corps
515 n	95 a				526 n	696 b			
516 n	789 b				527 n	378 b			
517 n	452 a				528 n	188 b			
518 n	85 b				529 n	97 a			
519 n	874 b				530 n	98 a			
520 n	454 a				531 n	928 b			
521 n	96 a				532 n	109 b			
522 n	890 b				533 n	432 b			
523 n	300 b				534 n	65 b			
524 n	873 b				535 n	929 b			
525 n	877 b				536 n	34 b			

Nos du catalogue. Nouveaux.	Anciens.	1er corps	2e corps	3e corps	Nos du catalogue. Nouveaux.	Anciens.	1er corps	2e corps	3e corps
537 n	253 b				548 n	769 b			
538 n	99 a				549 n	20 b			
539 n	494 a				550 n	930 b			
540 n	100 a				551 n	453 a			
541 n	244 b				552 n	538 b			
542 n	760 b				553 n	190 b			
543 n	427 b				554 n	150 b			
544 n	765 b				555 n	158 b			
545 n	114 b				556 n				
546 n	66 b				557 n				
547 n	768 b				558 n				

CHAPITRE VIII. — Oiseaux.

Nouveaux.	Anciens.	1er corps	2e corps	3e corps	Nouveaux.	Anciens.	1er corps	2e corps	3e corps
559 n	101 a				567 n	78 b			
560 n	453 b				568 n	106 a			
561 n	466 a				569 n	107 a			
562 n	337 b				570 n	108 a			
563 n	102 a				571 n	109 a			
564 n	103 a				572 n	110 a			
565 n	104 a				573 n	194 b			
566 n	105 a				574 n	340 b			

Nos du catalogue.		1er corps	2e corps	3e corps	Nos du catalogue.		1er corps	2e corps	3e corps
Nouveaux.	Anciens.				Nouveaux.	Anciens.			
575 n	348 b				595 n	113 a			
576 n	112 a				596 n	114 a			
577 n	455 a				597 n	483 b			
578 n	456 a				598 n	115 a			
579 n	891 b				599 n	459 a			
580 n	878 b				600 n	458 a			
581 n	32 b				601 n	650 b			
582 n	831 b				602 n	329 b			
583 n	139 b				603 n	533 b			
584 n	926 b				604 n	116 a			
585 n	655 b				605 n	117 a			
586 n	462 b				606 n	118 a			
587 n	665 b				607 n	119 a			
588 n	804 b				608 n	46 b			
589 n	457 a				609 n	21 b			
590 n	111 a				610 n	519 b			
591 n	723 b				611 n	461 a			
592 n	629 b				612 n	460 a			
593 n	83 b				613 n	530 b			
594 n	266 b				614 n	463 a			

Nos du catalogue. Nouveaux.	Anciens.	1er corps	2e corps	3e corps	Nos du catalogue. Nouveaux.	Anciens.	1er corps	2e corps	3e corps
615 n	120 a				635 n	79 b			
616 n	121 a				636 n	431 b			
617 n	464 a				637 n	322 b			
618 n	465 a				638 n	57 b			
619 n	1111 b				639 n	471 a			
620 n	462 a				640 n	448 b			
621 n	122 a				641 n	125 a			
622 n	1087 b				642 n	126 a			
623 n	1088 b				643 n	127 a			
624 n	193 b				644 n	382 b			
625 n	145 b				645 n	383 b			
626 n	732 b				646 n	666 b			
627 n	124 a				647 n	741 b			
628 n	123 a				648 n	797 b			
629 n	1047 b				649 n	134 b			
630 n	47 b				650 n	729 b			
631 n	128 b				651 n	302 b			
632 n	335 b				652 n	128 a			
633 n	654 b				653 n	518 b			
634 n	58 b				654 n	644 b			

Nos du catalogue. Nouveaux.	Anciens.	1er corps	2e corps	3e corps
655 n	1131 b			
656 n	936 b			
657 n	196 b			
658 n	495 b			
659 n	470 a			
660 n	129 a			
661 n	521 b			
662 n	130 a			
663 n	469 a			
664 n	460 b			
665 n	138 b			
666 n				

CHAPITRE IX. — Parties du corps des oiseaux.

Nos du catalogue. Nouveaux.	Anciens.	1er corps	2e corps	3e corps
667 n	11 b			
668 n	10 b			
669 n	946 b			
670 n	397 b			
671 n	363 b			
672 n	807 b			
673 n	653 b			
674 n	467 a			
675 n	468 a			
676 n	59 b			
677 n	42 b			
678 n	1045 b			
679 n	837 b			
680 n	472 a			
681 n				
682 n				

CHAPITRE X. — Sauriens, batraciens, amphibies.

Nos du catalogue. Nouveaux.	Anciens.	1er corps	2e corps	3e corps
683 n	1000 b			
684 n	838 b			
685 n	131 a			
686 n	473 a			
687 n	474 a			
688 n	313 b			
689 n				
690 n				

Nos du catalogue. Nouveaux.	Anciens.	1er corps	2e corps	3e corps	Nos du catalogue. Nouveaux.	Anciens.	1er corps	2e corps	3e corps

CHAPITRE XI. — Reptiles.

Nos du catalogue. Nouveaux.	Anciens.	1er corps	2e corps	3e corps	Nos du catalogue. Nouveaux.	Anciens.	1er corps	2e corps	3e corps
691 n	132 a				710 n	136 a			
692 n	115 b				711 n	135 a			
693 n	479 a				712 n	744 b			
694 n	480 a				713 n	545 b			
695 n	478 a				714 n	482 a			
696 n	481 a				715 n	255 b			
697 n	477 a				716 n	484 b			
698 n	133 a				717 n	181 b			
699 n	449 b				718 n	677 b			
700 n	482 b				719 n	137 a			
701 n	56 b				720 n	637 b			
702 n	134 a				721 n	705 b			
703 n	476 a				722 n	535 b			
704 n	608 b				723 n	546 b			
705 n	669 b				724 n	97 b			
706 n	438 b				725 n	1027 b			
707 n	668 b				726 n	1028 b			
708 n	671 b				727 n	1029 b			
709 n	670 b				728 n	1030 b			

N^os DU CATALOGUE. NOUVEAUX.	ANCIENS.	1er CORPS	2^e CORPS	3^e CORPS	N^os DU CATALOGUE. NOUVEAUX.	ANCIENS.	1er CORPS	2^e CORPS	3^e CORPS
729 n	1031 b				733 n	485 a			
730 n	1032 b				734 n	486 a			
731 n	483 a				735 n	138 a			
732 n	484 a				736 n				

CHAPITRE XII. — Insectes.

N^os NOUVEAUX	ANCIENS	1er CORPS	2^e CORPS	3^e CORPS	N^os NOUVEAUX	ANCIENS	1er CORPS	2^e CORPS	3^e CORPS
737 n	975 b				742 n	907 b			
738 n	939 b				743 n	140 a			
739 n	487 a				744 n	84 b			
740 n	139 a				745 n	749 b			
741 n	911 b				746 n	567 b			

CHAPITRE XIII. — Poissons.

N^os NOUVEAUX	ANCIENS	1er CORPS	2e CORPS	3e CORPS	N^os NOUVEAUX	ANCIENS	1er CORPS	2e CORPS	3e CORPS
747 n	488 a				753 n	489 a			
748 n	133 b				754 n	141 a			
749 n	137 b				755 n	142 a			
750 n	547 b				756 n	143 a			
751 n	290 b				757 n	490 a			
752 n	945 b				758 n				

CHAPITRE XIV. — Végétaux.

N^os NOUVEAUX	ANCIENS	1er CORPS	2e CORPS	3e CORPS	N^os NOUVEAUX	ANCIENS	1er CORPS	2e CORPS	3e CORPS
759 n	352 b				761 n	676 b			
760 n	1093 b				762 n	903 b			

Nos du catalogue. Nouveaux.	Anciens.	1er corps	2e corps	3e corps	Nos du catalogue. Nouveaux.	Anciens.	1er corps	2e corps	3e corps
763 n	304 b				783 n	408 b			
764 n	548 b				784 n	851 b			
765 n	144 a				785 n	147 a			
766 n	869 b				786 n	565 b			
767 n	76 b				787 n	153 a			
768 n	719 b				788 n	152 a			
769 n	720 b				789 n	735 b			
770 n	472 b				790 n	763 b			
771 n	31 b				791 n	210 b			
772 n	491 a				792 n	762 b			
773 n	1050 b				793 n	149 a			
774 n	492 a				794 n	1072 b			
775 n	145 a				795 n	1097 b			
776 n	806 b				796 n	1098 b			
777 n	374 b				797 n	490 b			
778 n	212 b				798 n	494 b			
779 n	1051 b				799 n	150 a			
780 n	146 a				800 n	151 a			
781 n	906 b				801 n	514 b			
782 n	855 b				802 n	642 b			

Nos du catalogue.		1er corps	2e corps	3e corps	Nos du catalogue.		1er corps	2e corps	3e corps
Nouveaux.	Anciens.				Nouveaux.	Anciens.			
803 n	747 b				823 n	1074 b			
804 n	154 a				824 n	1073 b			
805 n	638 b				825 n	684 b			
806 n	643 b				826 n	440 b			
807 n	639 b				827 n	742 b			
808 n	640 b				828 n	435 b			
809 n	631 b				829 n	148 a			
810 n	155 a				830 n	511 b			
811 n	493 b				831 n	159 a			
812 n	401 b				832 n	160 a			
813 n	400 b				833 n	323 b			
814 n	506 b				834 n	1 b			
815 n	587 b				835 n	2 b			
816 n	156 a				836 n	3 b			
817 n	1026 b				837 n	4 b			
818 n	157 a				838 n	217 b			
819 n	801 b				839 n	218 b			
820 n	158 a				840 n	136 b			
821 n	493 a				841 n	135 b			
822 n	908 b				842 n	350 b			

Nos du catalogue. Nouveaux.	Anciens.	1er corps	2e corps	3e corps
843 n	225 b			
844 n	385 b			
845 n	161 a			
846 n				

CHAPITRE XV. — Ciel, astres, terre, eau.

Nos du catalogue. Nouveaux.	Anciens.	1er corps	2e corps	3e corps
847 n	942 b			
848 n	426 b			
849 n	40 b			
850 n	125 b			
851 n	896 b			
852 n	866 b			
853 n	162 a			
854 n	163 a			
855 n	164 a			
856 n	165 a			
857 n	1130 b			
858 n	1101 b			
859 n	166 a			
860 n	450 b			
861 n	162 b			
862 n	727 b			
863 n	524 b			
864 n	159 b			
865 n	30 b			
866 n	35 b			
867 n	168 a			
868 n	1128 b			
869 n	1085 b			
870 n	867 b			
871 n	853 b			
872 n	167 a			
873 n	237 b			
874 n	236 b			
875 n	495 a			
876 n	497 b			
877 n	496 b			
878 n	390 b			
879 n	1119 b			
880 n	391 b			

Nos du catalogue. Nouveaux.	Anciens.	1er corps	2e corps	3e corps	Nos du catalogue. Nouveaux.	Anciens.	1er corps	2e corps	3e corps
881 n	388 b				883 n	552 b			
882 n	496 a				884 n	497 a			

CHAPITRE XVI. — Plans, édifices, parties d'édifices.

Nos du catalogue. Nouveaux.	Anciens.	1er corps	2e corps	3e corps	Nos du catalogue. Nouveaux.	Anciens.	1er corps	2e corps	3e corps
885 n	1041 b				902 n	1086 b			
886 n	169 a				903 n	1052 b			
887 n	256 b				904 n	649 b			
888 n	170 a				905 n	647 b			
889 n	171 a				906 n	656 b			
890 n	601 b				907 n	621 b			
891 n	172 a				908 n	844 b			
892 n	173 a				909 n	92 b			
893 n	965 b				910 n	616 b			
894 n	444 b				911 n	614 b			
895 n	498 a				912 n	832 b			
896 n	205 b				913 n	995 b			
897 n	1083 b				914 n	971 b			
898 n	1084 b				915 n	787 b			
899 n	1069 b				916 n	1080 b			
900 n	1070 b				917 n	1090 b			
901 n	950 b				918 n	1129 b			

Nos DU CATALOGUE.		1er CORPS	2e CORPS	3e CORPS
NOUVEAUX.	ANCIENS.			
919 n	279 b			
920 n	634 b			
921 n	539 b			
922 n	636 b			
923 n	968 b			
924 n	1114 b			
925 n	635 b			
926 n	603 b			
927 n	175 a			
928 n	176 a			
929 n	500 a			
930 n	86 b			
931 n	651 b			
932 n	977 b			
933 n	177 a			
934 n	461 b			
935 n	174 a			
936 n	712 b			
937 n	466 b			
938 n	405 b			
939 n	362 b			
940 n	645 b			
941 n	713 b			
942 n	938 b			
943 n	457 b			
944 n	1122 b			
945 n	698 b			
946 n	1109 b			
947 n	1127 b			
948 n	178 a			
949 n	932 b			
950 n	195 b			
951 n	263 b			
952 n	1089 b			
953 n	626 b			
954 n	227 b			
955 n	180 a			
956 n	1062 b			
957 n	1061 b			
958 n	222 b			

Nos du catalogue. Nouveaux.	Anciens.	1er corps	2e corps	3e corps	Nos du catalogue. Nouveaux.	Anciens.	1er corps	2e corps	3e corps
959 n	389 b				974 n	272 b			
960 n	106 b				975 n	278 b			
961 n	269 b				976 n	149 b			
962 n	1095 b				977 n	532 b			
963 n	931 b				978 n	511 a			
964 n	167 b				979 n	659 b			
965 n	658 b				980 n	512 a			
966 n	182 a				981 n	55 b			
967 n	563 a				982 n	657 b			
968 n	829 b				983 n	757 b			
969 n	825 b				984 n	664 b			
970 n	181 a				985 n	324 b			
971 n	499 a				986 n	183 a			
972 n	179 a				987 n	189 b			
973 n	366 b				988 n	992 b			

CHAPITRE XVII. — Mobilier profane et sacré.

Nouveaux	Anciens	1er corps	2e corps	3e corps	Nouveaux	Anciens	1er corps	2e corps	3e corps
989 n	299 b				993 n	184 a			
990 n	301 b				994 n	745 b			
991 n	553 b				995 n	365 b			
992 n	1009 b				996 n	368 b			

Nos DU CATALOGUE.		1er CORPS	2e CORPS	3e CORPS
NOUVEAUX.	ANCIENS.			
997 n	517 a			
998 n	234 b			
999 n	185 a			
1000 n	186 a			
1001 n	187 a			
1002 n	188 a			
1003 n	189 a			
1004 n	190 a			
1005 n	191 a			
1006 n	599 b			
1007 n	503 a			
1008 n	504 a			
1009 n	508 a			
1010 n	195 a			
1011 n	518 a			
1012 n	611 b			
1013 n	175 b			
1014 n	91 b			
1015 n	976 b			
1016 n	978 b			
1017 n	994 b			
1018 n	1003 b			
1019 n	507 a			
1020 n	61 b			
1021 n	437 b			
1022 n	60 b			
1023 n	192 a			
1024 n	193 a			
1025 n	194 a			
1026 n	520 a			
1027 n	521 a			
1028 n	522 a			
1029 n	523 a			
1030 n	509 a			
1031 n	997 b			
1032 n	526 a			
1033 n	430 b			
1034 n	326 b			
1035 n	730 b			
1036 n	988 b			

Nos du catalogue. Nouveaux.	Anciens.	1er corps	2e corps	3e corps	Nos du catalogue. Nouveaux.	Anciens.	1er corps	2e corps	3e corps
1037 n	989 b				1047 n	102 b			
1038 n	528 a				1048 n	961 b			
1039 n	527 a				1049 n	955 b			
1040 n	529 a				1050 n	573 b			
1041 n	196 a				1051 n	228 b			
1042 n	197 a				1052 n	524 a			
1043 n	1055 b				1053 n	525 a			
1044 n	198 a				1054 n	532 a			
1045 n	531 a				1055 n	947 b			
1046 n	530 a				1056 n				

CHAPITRE XVIII. — Mesures, balances, outils divers.

Nos du catalogue. Nouveaux.	Anciens.	1er corps	2e corps	3e corps	Nos du catalogue. Nouveaux.	Anciens.	1er corps	2e corps	3e corps
1057 n	759 b				1066 n	144 b			
1058 n	754 b				1067 n	68 b			
1059 n	199 a				1068 n	200 a			
1060 n	540 a				1069 n	756 b			
1061 n	539 a				1070 n	536 a			
1062 n	538 a				1071 n	537 a			
1063 n	45 b				1072 n	1126 b			
1064 n	24 b				1073 n	267 b			
1065 n	700 b				1074 n	308 b			

N^os DU CATALOGUE. NOUVEAUX.	ANCIENS.	1er CORPS	2^e CORPS	3^e CORPS	N^os DU CATALOGUE. NOUVEAUX.	ANCIENS.	1er CORPS	2^e CORPS	3^e CORPS
1075 n	201 a				1095 n	202 b			
1076 n	235 b				1096 n	204 b			
1077 n	541 a				1097 n	417 b			
1078 n	487 b				1098 n	416 b			
1079 n	488 b				1099 n	410 b			
1080 n	111 b				1100 n	415 b			
1081 n	1092 b				1101 n	413 b			
1082 n	202 a				1102 n	542 b			
1083 n	203 a				1103 n	402 b			
1084 n	625 b				1104 n	206 a			
1085 n	937 b				1105 n	441 b			
1086 n	291 b				1106 n	39 b			
1087 n	864 b				1107 n	900 b			
1088 n	542 a				1108 n	344 b			
1089 n	543 a				1109 n	104 b			
1090 n	204 a				1110 n	905 b			
1091 n	205 a				1111 n	25 b			
1092 n	522 b				1112 n	1116 b			
1093 n	1115 b				1113 n	207 a			
1094 n	547 a				1114 n	208 a			

Nos du catalogue. Nouveaux.	Anciens.	1er corps	2e corps	3e corps	Nos du catalogue. Nouveaux.	Anciens.	1er corps	2e corps	3e corps
1115 n	105 b				1135 n	544 a			
1116 n	346 b				1136 n	545 a			
1117 n	331 b				1137 n	212 a			
1118 n	268 b				1138 n	213 a			
1119 n	179 b				1139 n	508 b			
1120 n	271 b				1140 n	512 b			
1121 n	99 b				1141 n	214 a			
1122 n	1013 b				1142 n	1067 b			
1123 n	209 a				1143 n	218 a			
1124 n	475 a				1144 n	166 b			
1125 n	36 b				1145 n	216 a			
1126 n	265 b				1146 n	217 a			
1127 n	551 a				1147 n	746 b			
1128 n	552 a				1148 n	321 b			
1129 n	41 b				1149 n	201 b			
1130 n	210 a				1150 n	284 b			
1131 n	211 a				1151 n	748 b			
1132 n	549 a				1152 n	1048 b			
1133 n	548 a				1153 n	1049 b			
1134 n	215 a				1154 n	1011 b			

CHAPITRE XIX. — Engins de pêche, de chasse et de guerre.

Nos du catalogue. Nouveaux.	Anciens.	1er corps	2e corps	3e corps	Nos du catalogue. Nouveaux.	Anciens.	1er corps	2e corps	3e corps
1155 n	309 b				1174 n	224 a			
1156 n	310 b				1175 n	118 b			
1157 n	750 b				1176 n	1132 b			
1158 n	219 a				1177 n	1075 b			
1159 n	220 a				1178 n	225 a			
1160 n	428 b				1179 n	226 a			
1161 n	221 a				1180 n	571 b			
1162 n	549 b				1181 n	516 b			
1163 n	570 b				1182 n	161 b			
1164 n	451 b				1183 n	1125 b			
1165 n	252 b				1184 n	6 b			
1166 n	222 a				1185 n	7 b			
1167 n	223 a				1186 n	791 b			
1168 n	1105 b				1187 n	792 b			
1169 n	251 b				1188 n	306 b			
1170 n	327 a				1189 n	1094 b			
1171 n	209 b				1190 n	227 a			
1172 n	910 b				1191 n	948 b			
1173 n	316 b				1192 n	993 b			

N^os DU CATALOGUE. Nouveaux.	Anciens.	1er corps	2^e corps	3^e corps	N^os DU CATALOGUE. Nouveaux.	Anciens.	1er corps	2^e corps	3^e corps
1193 n	447 b				1213 n	520 b			
1194 n	667 b				1214 n	507 b			
1195 n	933 b				1215 n	715 b			
1196 n	739 b				1216 n	714 b			
1197 n	1099 b				1217 n	244 a			
1198 n	555 a				1218 n	245 a			
1199 n	556 a				1219 n	1025 b			
1200 n	229 a				1220 n	887 b			
1201 n	230 a				1221 n	879 b			
1202 n	123 b				1222 n	875 b			
1203 n	122 b				1223 n	577 b			
1204 n	121 b				1224 n	231 a			
1205 n	120 b				1225 n	232 a			
1206 n	119 b				1226 n	233 a			
1207 n	286 b				1227 n	223 b			
1208 n	561 a				1228 n	235 a			
1209 n	224 b				1229 n	234 a			
1210 n	562 a				1230 n	236 a			
1211 n	411 b				1231 n	557 a			
1212 n	228 a				1232 n	214 b			

N^os DU CATALOGUE. NOUVEAUX.	ANCIENS.	1er CORPS	2^e CORPS	3^e CORPS
1233 n	237 a			
1234 n	238 a			
1235 n	558 a			
1236 n	559 a			
1237 n	970 b			
1238 n	19 b			
1239 n	717 b			
1240 n	1018 b			
1241 n	239 a			

N^os DU CATALOGUE. NOUVEAUX.	ANCIENS.	1er CORPS	2e CORPS	3e CORPS
1242 n	1158 b			
1243 n	240 a			
1244 n	241 a			
1245 n	1405 b			
1246 n	242 a			
1247 n	560 a			
1248 n	473 b			
1249 n	328 b			
1250 n	554 a			

CHAPITRE XX. — Navires, barques sacrées, agrès.

N^os DU CATALOGUE. NOUVEAUX.	ANCIENS.	1er CORPS	2e CORPS	3e CORPS
1251 n	320 b			
1252 n	846 b			
1253 n	247 a			
1254 n	248 a			
1255 n	249 a			
1256 n	250 a			
1257 n	563 b			
1258 n	364 b			
1259 n	347 b			
1260 n	433 b			

N^os DU CATALOGUE. NOUVEAUX.	ANCIENS.	1er CORPS	2e CORPS	3e CORPS
1261 n	764 b			
1262 n	1120 b			
1263 n	734 b			
1264 n	565 a			
1265 n	536 b			
1266 n	564 a			
1267 n	773 b			
1268 n	751 b			
1269 n	1252 b			
1270 n	585 b			

Nos du catalogue. Nouveaux.	Anciens.	1er corps	2e corps	3e corps	Nos du catalogue. Nouveaux.	Anciens.	1er corps	2e corps	3e corps
1271 n	623 b				1291 n	738 b			
1272 n	767 b				1292 n	298 b			
1273 n	775 b				1293 n	843 b			
1274 n	1336 b				1294 n	1167 b			
1275 n	1144 b				1295 n	570 a			
1276 n	251 a				1296 n	277 b			
1277 n	252 a				1297 n	261 a			
1278 n	253 a				1298 n	686 b			
1279 n	568 a				1299 n	646 b			
1280 n	1237 b				1300 n	110 b			
1281 n	969 b				1301 n	258 a			
1282 n	254 a				1302 n	259 a			
1283 n	255 a				1303 n	260 a			
1284 n	256 a				1304 n	51 b			
1285 n	257 a				1305 n	129 b			
1286 n	1078 b				1306 n	553 a			
1287 n	292 b				1307 n	973 b			
1288 n	728 b				1308 n	1315 b			
1289 n	662 b				1309 n	1160 b			
1290 n	845 b				1310 n	661 b			

N^os^ du catalogue. Nouveaux.	Anciens.	1er corps	2^e^ corps	3^e^ corps
1311 n	1222 b			
1312 n	1223 b			
1313 n	1287 b			
1314 n	1198 b			
1315 n	1164 b			
1316 n	1283 b			

CHAPITRE XXI. — Coiffures, vêtements, parures, objets de toilette.

N^os^ du catalogue. Nouveaux.	Anciens.	1er corps	2^e^ corps	3^e^ corps
1317 n	113 b			
1318 n	303 b			
1319 n	262 a			
1320 n	572 a			
1321 n	265 a			
1322 n	266 a			
1323 n	263 a			
1324 n	336 b			
1325 n	264 a			
1326 n	1262 b			
1327 n	630 b			
1328 n	314 b			
1329 n	470 b			
1330 n	443 b			
1331 n	268 a			
1332 n	267 a			
1333 n	98 b			
1334 n	987 b			
1335 n	571 a			
1336 n	269 a			
1337 n	270 a			
1338 n	271 a			
1339 n	1318 b			
1340 n	574 a			
1341 n	575 a			
1342 n	272 a			
1343 n	498 b			
1344 n	491 b			
1345 n	1271 b			
1346 n	283 b			
1347 n	288 b			
1348 n	261 b			

Nos du catalogue. Nouveaux.	Anciens.	1er corps	2e corps	3e corps	Nos du catalogue. Nouveaux.	Anciens.	1er corps	2e corps	3e corps
1349 n	325 b				1362 n	630 a			
1350 n	501 b				1363 n	1068 b			
1351 n	500 b				1364 n	412 b			
1352 n	455 b				1365 n	999 b			
1353 n	573 a				1366 n	208 b			
1354 n	53 b				1367 n	199 b			
1355 n	280 b				1368 n	94 b			
1356 n	273 a				1369 n	95 b			
1357 n	813 b				1370 n	820 b			
1358 n	367 b				1371 n	481 b			
1359 n	702 b				1372 n	480 b			
1360 n	694 b				1373 n	600 b			
1361 n	637 a				1374 n	594 b			

CHAPITRE XXII. — Supports d'enseignes, sceptres, emblèmes symboliques.

Nouveaux.	Anciens.	1er corps	2e corps	3e corps	Nouveaux.	Anciens.	1er corps	2e corps	3e corps
1375 n	211 b				1381 n	954 b			
1376 n	513 a				1382 n	1329 b			
1377 n	514 a				1383 n	143 b			
1378 n	515 a				1384 n	142 b			
1379 n	516 a				1385 n	249 b			
1380 n	1106 b				1386 n	1383 b			

Nos du catalogue. Nouveaux.	Anciens.	1er corps	2e corps	3e corps	Nos du catalogue. Nouveaux.	Anciens.	1er corps	2e corps	3e corps
1387 n	376 b				1407 n	809 b			
1388 n	464 b				1408 n	283 a			
1389 n	1311 b				1409 n	581 b			
1390 n	1233 b				1410 n	1286 b			
1391 n	963 b				1411 n	377 b			
1392 n	800 b				1412 n	580 b			
1393 n	576 a				1413 n	1290 b			
1394 n	577 a				1414 n	213 b			
1395 n	274 a				1415 n	1346 b			
1396 n	275 a				1416 n	935 b			
1397 n	1023 b				1417 n	580 a			
1398 n	276 a				1418 n	278 a			
1399 n	827 b				1419 n	578 a			
1400 n	1345 b				1420 n	624 b			
1401 n	1365 b				1421 n	755 b			
1402 n	477 b				1422 n	771 b			
1403 n	678 b				1423 n	1398 b			
1404 n	277 a				1424 n	342 b			
1405 n	469 b				1425 n	1284 b			
1406 n	581 a				1426 n	1294 b			

Nos du catalogue. Nouveaux.	Anciens.	1er corps	2e corps	3e corps	Nos du catalogue. Nouveaux.	Anciens.	1er corps	2e corps	3e corps
1427 n	794 b				1447 n	27 b			
1428 n	280 a				1448 n	28 b			
1429 n	1145 b				1449 n	781 b			
1430 n	951 b				1450 n	579 a			
1431 n	445 b				1451 n	582 a			
1432 n	187 b				1452 n	583 a			
1433 n	856 b				1453 n	284 a			
1434 n	847 b				1454 n	1391 b			
1435 n	282 a				1455 n	274 b			
1436 n	407 b				1456 n	285 a			
1437 n	406 b				1457 n	286 a			
1438 n	13 b				1458 n	1066 b			
1439 n	14 b				1459 n	940 b			
1440 n	860 b				1460 n	941 b			
1441 n	858 b				1461 n	943 b			
1442 n	281 a				1462 n	944 b			
1443 n	996 b				1463 n	588 a			
1444 n	991 b				1464 n	591 a			
1445 n	1197 b				1465 n	279 a			
1446 n	1231 b				1466 n	287 a			

Nos du catalogue. Nouveaux.	Anciens.	1er corps	2e corps	3e corps	Nos du catalogue. Nouveaux.	Anciens.	1er corps	2e corps	3e corps
1467 n	459 b				1476 n	160 b			
1468 n	590 a				1477 n	26 b			
1469 n	288 a				1478 n	33 b			
1470 n	290 a				1479 n	260 b			
1471 n	404 b				1480 n	246 a			
1472 n	403 b				1481 n				
1473 n	289 a				1482 n				
1474 n	584 a				1483 n				
1475 n	291 a				1484 n				

CHAPITRE XXIII. — Musique, écriture, jeux.

Nos du catalogue. Nouveaux.	Anciens.	1er corps	2e corps	3e corps	Nos du catalogue. Nouveaux.	Anciens.	1er corps	2e corps	3e corps
1485 n	103 b				1495 n	982 b			
1486 n	595 b				1496 n	1007 b			
1487 n	652 b				1497 n	983 b			
1488 n	292 a				1498 n	984 b			
1489 n	492 b				1499 n	107 b			
1490 n	418 b				1500 n	1421 b			
1491 n	828 b				1501 n	393 b			
1492 n	360 b				1502 n	458 b			
1493 n	293 a				1503 n				
1494 n	886 b				1504 n				

Nos du catalogue. Nouveaux.	Anciens.	1er corps	2e corps	3e corps	Nos du catalogue. Nouveaux.	Anciens.	1er corps	2e corps	3e corps
CHAPITRE XXIV. — Pains.									
1505 n	282 b				1510 n	731 b			
1506 n	294 a				1511 n	394 b			
1507 n	398 b				1512 n	245 b			
1508 n	737 b				1513 n				
1509 n	386 b				1514 n				
CHAPITRE XXV. — Corbeilles, paniers, vases.									
1515 n	156 b				1528 n	399 b			
1516 n	157 b				1529 n	315 b			
1517 n	295 a				1530 n	706 b			
1518 n	296 a				1531 n	361 b			
1519 n	592 a				1532 n	307 b			
1520 n	1242 b				1533 n	52 b			
1521 n	593 a				1534 n	293 b			
1522 n	1005 b				1535 n	310 a			
1523 n	782 b				1536 n	276 b			
1524 n	574 b				1537 n	595 a			
1525 n	239 b				1538 n	298 a			
1526 n	240 b				1539 n	299 a			
1527 n	421 b				1540 n	722 b			

Nos du catalogue.		1er corps	2e corps	3e corps	Nos du catalogue.		1er corps	2e corps	3e corps
Nouveaux.	Anciens.				Nouveaux.	Anciens.			
1541 n	375 b				1561 n	301 a			
1542 n	934 b				1562 n	641 b			
1543 n	596 a				1563 n	197 b			
1544 n	297 a				1564 n	198 b			
1545 n	300 a				1565 n	306 a			
1546 n	601 a				1566 n	307 a			
1547 n	1148 b				1567 n	718 b			
1548 n	1151 b				1568 n	1265 b			
1549 n	281 b				1569 n	1228 b			
1550 n	289 b				1570 n	308 a			
1551 n	242 b				1571 n	309 a			
1552 n	241 b				1572 n	221 b			
1553 n	303 a				1573 n	220 b			
1554 n	3120 N 356 a				1574 n	219 b			
1555 n	304 a				1575 n	327 b			
1556 n	305 a				1576 n	585 a			
1557 n	1240 b				1577 n	586 a			
1558 n	1410 b				1578 n	589 a			
1559 n	302 a				1579 n	333 a			
1560 n	594 a				1580 n	1053 b			

Nos DU CATALOGUE. NOUVEAUX.	ANCIENS.	1er CORPS	2e CORPS	3e CORPS	Nos DU CATALOGUE. NOUVEAUX.	ANCIENS.	1er CORPS	2e CORPS	3e CORPS
1581 n	334 a				1586 n	1327 b			
1582 n	633 b				1587 n	587 a			
1583 n	295 b				1588 n				
1584 n	180 b				1589 n				
1585 n	1247 b				1590 n				

CHAPITRE XXVI. — CORDES, LIENS, NOEUDS, PAQUETS.

Nos DU CATALOGUE. NOUVEAUX.	ANCIENS.	1er CORPS	2e CORPS	3e CORPS	Nos DU CATALOGUE. NOUVEAUX.	ANCIENS.	1er CORPS	2e CORPS	3e CORPS
1591 n	1436 b				1605 n	311 a			
1592 n	607 a				1606 n	604 a			
1593 n	429 b				1607 n	192 b			
1594 n	101 b				1608 n	230 b			
1595 n	48 b				1609 n	238 b			
1596 n	154 b				1610 n	312 a			
1597 n	434 a				1611 n	313 a			
1598 n	1338 b				1612 n	606 a			
1599 n	116 b				1613 n	605 a			
1600 n	108 b				1614 n	50 b			
1601 n	724 b				1615 n	1218 b			
1602 n	1042 b				1616 n	22 b			
1603 n	602 a				1617 n	314 a			
1604 n	603 a				1618 n	1046 b			

Nos DU CATALOGUE. NOUVEAUX.	ANCIENS.	1er CORPS	2e CORPS	3e CORPS	Nos DU CATALOGUE. NOUVEAUX.	ANCIENS.	1er CORPS	2e CORPS	3e CORPS
1619 n	262 b				1623 n				
1620 n	315 a				1624 n				
1621 n	515 b				1625 n				
1622 n	612 a				1626 n				

CHAPITRE XXVII. — Figures géométriques.

Nos DU CATALOGUE. NOUVEAUX.	ANCIENS.	1er CORPS	2e CORPS	3e CORPS	Nos DU CATALOGUE. NOUVEAUX.	ANCIENS.	1er CORPS	2e CORPS	3e CORPS
1627 n	243 b				1642 n	270 b			
1628 n	165 b				1643 n	320 a			
1629 n	1209 b				1644 n	172 b			
1630 n	12 b				1645 n	1043 b			
1631 n	1260 b				1646 n	396 b			
1632 n	203 b				1647 n	392 b			
1633 n	1176 b				1648 n	318 a			
1634 n	15 b				1649 n	766 b			
1635 n	463 b				1650 n	246 b			
1636 n	726 b				1651 n	17 b			
1637 n	620 a				1652 n	16 b			
1638 n	206 b				1653 n	1044 b			
1639 n	317 a				1654 n	1264 b			
1640 n	316 a				1655 n	247 b			
1641 n	287 b				1656 n	1347 b			

Nos du catalogue. Nouveaux.	Anciens.	1er corps	2e corps	3e corps	Nos du catalogue. Nouveaux.	Anciens.	1er corps	2e corps	3e corps
1657 n	949 b				1674 n	506 a			
1658 n	124 b				1675 n	501 a			
1659 n	18 b				1676 n	798 b			
1660 n	1437 b				1677 n	758 b			
1661 n	233 b				1678 n	510 a			
1662 n	319 a				1679 n	321 a			
1663 n	1348 b				1680 n	599 a			
1664 n	1195 b				1681 n	598 a			
1665 n	1194 b				1682 n	597 a			
1666 n	779 b				1683 n	609 a			
1667 n	1064 b				1684 n	608 a			
1668 n	1166 b				1685 n	610 a			
1669 n	909 b				1686 n	611 a			
1670 n	322 a				1687 n				
1671 n	465 b				1688 n				
1672 n	619 a				1689 n				
1673 n	1281 b				1690 n				

CHAPITRE XXVIII. — Objets de forme et d'usage indéterminés.

Nouveaux	Anciens	1er corps	2e corps	3e corps	Nouveaux	Anciens	1er corps	2e corps	3e corps
1691 n	1376 b				1693 n	243 a			
1692 n	1375 b				1694 n	725 b			

Nos du catalogue. Nouveaux.	Anciens.	1er corps	2e corps	3e corps
1695 n	478 b			
1696 n	479 b			
1697 n	1110 b			
1698 n	854 b			
1699 n	80 b			
1700 n	1060 b			
1701 n	442 b			
1702 n	54 b			
1703 n	446 b			
1704 n	625 a			
1705 n	153 b			
1706 n	152 b			
1707 n	23 b			
1708 n	62 b			
1709 n	966 b			
1710 n	533 a			
1711 n	534 a			
1712 n	535 a			
1713 n	1382 b			
1714 n	1422 b			
1715 n	323 a			
1716 n	865 b			
1717 n	422 b			
1718 n	387 b			
1719 n	425 b			
1720 n	868 b			
1721 n	369 b			
1722 n	370 b			
1723 n	371 b			
1724 n	372 b			
1725 n	163 b			
1726 n	164 b			
1727 n	1107 b			
1728 n	761 b			
1729 n	1182 b			
1730 n	1180 b			
1731 n	1181 b			
1732 n	1183 b			
1733 n	1184 b			
1734 n	1186 b			

N^os DU CATALOGUE. NOUVEAUX.	ANCIENS.	1er CORPS	2^e CORPS	3^e CORPS
1735 n	1185 b			
1736 n	330 a			
1737 n	331 a			
1738 n	332 a			
1739 n	623 a			
1740 n	633 a			
1741 n	360 a			
1742 n	359 a			
1743 n	569 a			
1744 n	621 a			
1745 n	622 a			
1746 n	617 a			
1747 n	1002 b			
1748 n	335 a			
1749 n	336 a			
1750 n	1246 b			
1751 n	337 a			
1752 n	338 a			
1753 n	339 a			
1754 n	340 a			

N^os DU CATALOGUE. NOUVEAUX.	ANCIENS.	1er CORPS	2^e CORPS	3^e CORPS
1755 n	296 b			
1756 n	351 a			
1757 n	632 a			
1758 n	629 a			
1759 n	294 b			
1760 n	226 b			
1761 n	641 a			
1762 n	631 a			
1763 n	352 a			
1764 n	353 a			
1765 n	546 a			
1766 n	350 a			
1767 n	345 a			
1768 n	502 a			
1769 n	505 a			
1770 n	519 a			
1771 n	618 a			
1772 n	324 a			
1773 n	325 a			
1774 n	326 a			

Nos du catalogue. Nouveaux.	Nos du catalogue. Anciens.	1er corps	2e corps	3e corps
1775 n	344 a			
1776 n	624 a			
1777 n	626 a			
1778 n	550 a			
1779 n	636 a			
1780 n	347 a			
1781 n	643 a			
1782 n	613 a			
1783 n	1229 b			
1784 n	342 a			
1785 n	343 a			
1786 n	615 a			
1787 n	616 a			
1788 n	642 a			
1789 n	614 a			
1790 n	627 a			
1791 n	635 a			
1792 n	575 b			
1793 n	355 a			
1794 n	523 b			
1795 n	354 a			
1796 n	329 a			
1797 n	328 a			
1798 n	639 a			
1799 n	349 a			
1800 n	3619 N 357 a			
1801 n	358 a			
1802 n	348 a			
1803 n	346 a			
1804 n	640 a			
1805 n	576 b			
1806 n	634 a			
1807 n	1349 b			
1808 n	1350 b			
1809 n	1351 b			
1810 n	254 b			
1811 n	1279 b			
1812 n	117 b			
1813 n	341 a			
1814 n	628 a			

Nos du catalogue.		1er corps	2e corps	3e corps	Nos du catalogue.		1er corps	2e corps	3e corps
Nouveaux.	Anciens.				Nouveaux.	Anciens.			
1815 n	638 a				1823 n	215 b			
1816 n	5 b				1824 n	216 b			
1817 n	1024 b				1825 n				
1818 n	1017 b				1826 n				
1819 n	170 b				1827 n				
1820 n	1150 b				1828 n				
1821 n	1149 b				1829 n				
1822 n	1152 b				1830 n				

APPENDICE.

Les 296 caractères dont la liste suit ont été gravés au cours de l'impression du présent catalogue et n'ont pu, pour cette raison, prendre place dans le classement général.

N^{os} DU CATALOGUE.		1er CORPS	2e CORPS	3e CORPS	N^{os} DU CATALOGUE.		1er CORPS	2e CORPS	3e CORPS
NOUVEAUX.	ANCIENS.				NOUVEAUX.	ANCIENS.			
CHAPITRE PREMIER. — HOMMES.									
1831 n	953 b				1845 n	1377 b			
1832 n	1224 b				1846 n	1352 b			
1833 n	1406 b				1847 n	1359 b			
1834 n	959 b				1848 n	1317 b			
1835 n	1309 b				1849 n	1395 b			
1836 n	1162 b				1850 n	1058 b			
1837 n	1168 b				1851 n	1173 b			
1838 n	1324 b				1852 n	1225 b			
1839 n	1408 b				1853 n	990 b			
1840 n	1282 b				1854 n	1124 b			
1841 n	1190 b				1855 n	1206 b			
1842 n	1189 b				1856 n	1207 b			
1843 n	1081 b				1857 n	980 b			
1844 n	1082 b				1858 n	957 b			

N^os du catalogue.		1er corps	2^e corps	3^e corps	N^os du catalogue.		1er corps	2^e corps	3^e corps
Nouveaux.	Anciens.				Nouveaux.	Anciens.			
1859 n	1188 b				1871 n	1006 b			
1860 n	1250 b				1872 n	1123 b			
1861 n	1407 b				1873 n	1113 b			
1862 n	1008 b				1874 n	1065 b			
1863 n	1227 b				1875 n	1056 b			
1864 n	1019 b				1876 n	1059 b			
1865 n	1402 b				1877 n	1393 b			
1866 n	1414 b				1878 n	1325 b			
1867 n	1142 b				1879 n				
1868 n	1143 b				1880 n				
1869 n	1232 b				1881 n				
1870 n	1236 b				1882 n				

CHAPITRE II. — Dieux.

N^os du catalogue.		1er corps	2^e corps	3^e corps	N^os du catalogue.		1er corps	2^e corps	3^e corps
1883 n	1104 b				1890 n	1394 b			
1884 n	1139 b				1891 n	1417 b			
1885 n	1433 b				1892 n	1427 b			
1886 n	1432 b				1893 n	1392 b			
1887 n	1431 b				1894 n	1370 b			
1888 n	1428 b				1895 n	1369 b			
1889 n	1353 b				1896 n	1367 b			

Nos DU CATALOGUE. Nouveaux.	Anciens.	1er CORPS	2e CORPS	3e CORPS	Nos DU CATALOGUE. Nouveaux.	Anciens.	1er CORPS	2e CORPS	3e CORPS
1897 n	1368 b				1905 n	1141 b			
1898 n	1425 b				1906 n	1354 b			
1899 n	1326 b				1907 n	1426 b			
1900 n	1226 b				1908 n	1316 b			
1901 n	1170 b				1909 n	1096 b			
1902 n	1169 b				1910 n	1102 b			
1903 n	1357 b				1911 n	1033 b			
1904 n	1358 b				1912 n				

CHAPITRE III. — Femmes.

Nouveaux.	Anciens.	1er CORPS	2e CORPS	3e CORPS	Nouveaux.	Anciens.	1er CORPS	2e CORPS	3e CORPS
1913 n	1057 b				1916 n				
1914 n					1917 n				
1915 n					1918 n				

CHAPITRE IV. — Déesses.

Nouveaux.	Anciens.	1er CORPS	2e CORPS	3e CORPS	Nouveaux.	Anciens.	1er CORPS	2e CORPS	3e CORPS
1919 n	1020 b				1926 n	1014 b			
1920 n	1022 b				1927 n	1015 b			
1921 n	1420 b				1928 n	1424 b			
1922 n	1423 b				1929 n	1355 b			
1923 n	1418 b				1930 n	1118 b			
1924 n	1103 b				1931 n	1117 b			
1925 n	1091 b				1932 n				

Nos du catalogue. Nouveaux.	Anciens.	1er corps	2e corps	3e corps	Nos du catalogue. Nouveaux.	Anciens.	1er corps	2e corps	3e corps
1933 n					1935 n				
1934 n					1936 n				

CHAPITRE V. — Parties du corps humain.

Nouveaux.	Anciens.	1er corps	2e corps	3e corps	Nouveaux.	Anciens.	1er corps	2e corps	3e corps
1937 n	979 b				1948 n	1174 b			
1938 n	967 b				1949 n	1016 b			
1939 n	1388 b				1950 n	985 b			
1940 n	1261 b				1951 n	1063 b			
1941 n	1004 b				1952 n	1253 b			
1942 n	998 b				1953 n	1147 b			
1943 n	956 b				1954 n	1389 b			
1944 n	1386 b				1955 n	1263 b			
1945 n	1179 b				1956 n				
1946 n	1191 b				1957 n				
1947 n	1178 b				1958 n				

CHAPITRE VI. — Mammifères.

Nouveaux.	Anciens.	1er corps	2e corps	3e corps	Nouveaux.	Anciens.	1er corps	2e corps	3e corps
1959 n	1390 b				1964 n	1374 b			
1960 n	1196 b				1965 n	1373 b			
1961 n	1077 b				1966 n	1372 b			
1962 n	1076 b				1967 n	1371 b			
1963 n	1121 b				1968 n	1071 b			

Nos du catalogue. Nouveaux.	Anciens.	1er corps	2e corps	3e corps	Nos du catalogue. Nouveaux.	Anciens.	1er corps	2e corps	3e corps
1969 n	1054 b				1986 n	1039 b			
1970 n	1333 b				1987 n	1146 b			
1971 n	1416 b				1988 n	1037 b			
1972 n	1335 b				1989 n	1038 b			
1973 n	1208 b				1990 n	1036 b			
1974 n	1201 b				1991 n	1212 b			
1975 n	952 b				1992 n	1213 b			
1976 n	1307 b				1993 n	1440 b			
1977 n	1156 b				1994 n	1035 b			
1978 n	1112 b				1995 n	1034 b			
1979 n	1380 b				1996 n	1140 b			
1980 n	1379 b				1997 n	1378 b			
1981 n	1361 b				1998 n	1412 b			
1982 n	1079 b				1999 n	1177 b			
1983 n	1100 b				2000 n				
1984 n	1312 b				2001 n				
1985 n	1155 b				2002 n				

CHAPITRE VII. — Parties du corps des mammifères.

Nouveaux	Anciens	1er corps	2e corps	3e corps	Nouveaux	Anciens	1er corps	2e corps	3e corps
2003 n	1396 b				2005 n	962 b			
2004 n	960 b				2006 n	1108 b			

Nos du catalogue. Nouveaux.	Anciens.	1er corps	2e corps	3e corps	Nos du catalogue. Nouveaux.	Anciens.	1er corps	2e corps	3e corps
2007 n	958 b				2014 n	974 b			
2008 n	1275 b				2015 n	1012 b			
2009 n	1276 b				2016 n	1001 b			
2010 n	986 b				2017 n	981 b			
2011 n	1040 b				2018 n				
2012 n	1221 b				2019 n				
2013 n	972 b				2020 n				

CHAPITRE VIII. — Oiseaux.

Nouveaux.	Anciens.	1er corps	2e corps	3e corps	Nouveaux.	Anciens.	1er corps	2e corps	3e corps
2021 n	1434 b				2033 n	1297 b			
2022 n	1205 b				2034 n	1295 b			
2023 n	1204 b				2035 n	1298 b			
2024 n	1135 b				2036 n	1172 b			
2025 n	1136 b				2037 n	1171 b			
2026 n	1175 b				2038 n	1299 b			
2027 n	1133 b				2039 n	1010 b			
2028 n	1134 b				2040 n	964 b			
2029 n	1021 b				2041 n	1319 b			
2030 n	1187 b				2042 n	1320 b			
2031 n	1439 b				2043 n	1413 b			
2032 n	1296 b				2044 n	1441 b			

Nos du catalogue. Nouveaux.	Anciens.	1er corps	2e corps	3e corps	Nos du catalogue. Nouveaux.	Anciens.	1er corps	2e corps	3e corps
2045 n	1403 b				2052 n	1313 b			
2046 n	1322 b				2053 n	1202 b			
2047 n	1342 b				2054 n	1411 b			
2048 n	1280 b				2055 n	1438 b			
2049 n	1308 b				2056 n				
2050 n	1304 b				2057 n				
2051 n	1314 b				2058 n				

CHAPITRE IX. — Parties du corps des oiseaux.

Nouveaux.	Anciens.	1er corps	2e corps	3e corps	Nouveaux.	Anciens.	1er corps	2e corps	3e corps
2059 n	1288 b				2063 n				
2060 n	1381 b				2064 n				
2061 n	1272 b				2065 n				
2062 n	1267 b				2066 n				

CHAPITRE X. — Sauriens, batraciens, amphibies.

Nouveaux.	Anciens.	1er corps	2e corps	3e corps	Nouveaux.	Anciens.	1er corps	2e corps	3e corps
2067 n	1192 b				2069 n				
2068 n					2070 n				

CHAPITRE XI. — Reptiles.

Nouveaux.	Anciens.	1er corps	2e corps	3e corps	Nouveaux.	Anciens.	1er corps	2e corps	3e corps
2071 n	1415 b				2075 n	1274 b			
2072 n	1409 b				2076 n	1387 b			
2073 n	1266 b				2077 n				
2074 n	1273 b				2078 n				

Nos du catalogue. Nouveaux.	Anciens.	1er corps	2e corps	3e corps	Nos du catalogue. Nouveaux.	Anciens.	1er corps	2e corps	3e corps

CHAPITRE XIV. — Végétaux.

Nouveaux.	Anciens.	1er corps	2e corps	3e corps	Nouveaux.	Anciens.	1er corps	2e corps	3e corps
2079 n	1419 b				2086 n	1203 b			
2080 n	1337 b				2087 n	1210 b			
2081 n	1159 b				2088 n	1234 b			
2082 n	1238 b				2089 n	1165 b			
2083 n	1331 b				2090 n				
2084 n	1332 b				2091 n				
2085 n	1334 b				2092 n				

CHAPITRE XV. — Ciel, astres, terre, eau.

Nouveaux.	Anciens.	1er corps	2e corps	3e corps	Nouveaux.	Anciens.	1er corps	2e corps	3e corps
2093 n	1199 b				2099 n	1278 b			
2094 n	1154 b				2100 n	1268 b			
2095 n	1363 b				2101 n				
2096 n	1362 b				2102 n				
2097 n	1341 b				2103 n				
2098 n	1340 b				2104 n				

CHAPITRE XVI. — Plans, édifices, parties d'édifices.

Nouveaux.	Anciens.	1er corps	2e corps	3e corps	Nouveaux.	Anciens.	1er corps	2e corps	3e corps
2105 n	1161 b				2109 n	1255 b			
2106 n	1153 b				2110 n	1163 b			
2107 n	1138 b				2111 n	1302 b			
2108 n	1249 b				2112 n	1364 b			

Nos du catalogue. Nouveaux.	Anciens.	1er corps	2e corps	3e corps	Nos du catalogue. Nouveaux.	Anciens.	1er corps	2e corps	3e corps
2113 n	1256 b				2130 n	1239 b			
2114 n	1235 b				2131 n	1323 b			
2115 n	1257 b				2132 n	1270 b			
2116 n	1301 b				2133 n	1401 b			
2117 n	1303 b				2134 n	1277 b			
2118 n	1254 b				2135 n	1211 b			
2119 n	1244 b				2136 n	1269 b			
2120 n	1217 b				2137 n	1404 b			
2121 n	1215 b				2138 n	1321 b			
2122 n	1241 b				2139 n	1399 b			
2123 n	1310 b				2140 n	1400 b			
2124 n	1306 b				2141 n				
2125 n	1289 b				2142 n				
2126 n	1243 b				2143 n				
2127 n	1245 b				2144 n				
2128 n	1435 b				2145 n				
2129 n	1137 b				2146 n				

CHAPITRE XVII. — Mobilier profane et sacré.

Nouveaux	Anciens	1er corps	2e corps	3e corps	Nouveaux	Anciens	1er corps	2e corps	3e corps
2147 n	1360 b				2149 n	1258 b			
2148 n	1385 b				2150 n	1259 b			

Nos du catalogue. Nouveaux.	Anciens.	1er corps	2e corps	3e corps	Nos du catalogue. Nouveaux.	Anciens.	1er corps	2e corps	3e corps
2151 n	1220 b				2156 n	1330 b			
2152 n	1193 b				2157 n	1248 b			
2153 n	1251 b				2158 n	1200 b			
2154 n	1305 b				2159 n				
2155 n	1430 b				2160 n				

CHAPITRE XVIII. — Mesures, balances, outils divers.

Nouveaux.	Anciens.	1er corps	2e corps	3e corps	Nouveaux.	Anciens.	1er corps	2e corps	3e corps
2161 n	1291 b				2168 n	1219 b			
2162 n	1293 b				2169 n	1230 b			
2163 n	1292 b				2170 n	1397 b			
2164 n	1384 b				2171 n				
2165 n	1157 b				2172 n				
2166 n	1328 b				2173 n				
2167 n	1356 b				2174 n				

CHAPITRE XIX. — Engins de pêche, de chasse et de guerre.

Nouveaux.	Anciens.	1er corps	2e corps	3e corps	Nouveaux.	Anciens.	1er corps	2e corps	3e corps
2175 n	1214 b				2181 n	1339 b			
2176 n	1216 b				2182 n	1344 b			
2177 n	1366 b				2183 n				
2178 n	1343 b				2184 n				
2179 n	1285 b				2185 n				
2180 n	1429 b				2186 n				

www.ingramcontent.com/pod-product-compliance
Ingram Content Group UK Ltd.
Pitfield, Milton Keynes, MK11 3LW, UK
UKHW021645260726
13994UKWH00003B/1273